Mini Tonis

Armin Täubner

Tiere im Zoo

Die Beschreibung zu dem Krokodil Karl finden Sie auf Seite 12, zum Tiger Tini auf Seite 17 und zu Hubert, dem Elch, auf Seite 16.

Fotos: frechverlag GmbH, 70499 Stuttgart; Fotostudio Ullrich & Co., Renningen

Dieses Buch enthält:
1 Vorlagenbogen und
1 Zusatzbogen

Materialangaben und Arbeitshinweise in diesem Buch wurden von dem Autor und den Mitarbeitern des Verlags sorgfältig geprüft. Eine Garantie wird jedoch nicht übernommen. Autor und Verlag können für eventuell auftretende Fehler oder Schäden nicht haftbar gemacht werden. Das Werk und die darin gezeigten Modelle sind urheberrechtlich geschützt. Die Vervielfältigung und Verbreitung ist, außer für private, nicht kommerzielle Zwecke, untersagt und wird zivil- und strafrechtlich verfolgt. Dies gilt insbesondere für eine Verbreitung des Werkes durch Film, Funk und Fernsehen, Fotokopien oder Videoaufzeichnungen sowie für eine gewerbliche Nutzung der gezeigten Modelle.

Auflage:	5.	4.	3.	2.	1.	Letzte Zahlen
Jahr:	2007	2006	2005	2004	2003	maßgebend

ISBN 3-7724-3149-6 · Best.-Nr. 3149

© 2003
frechverlag GmbH, 70499 Stuttgart
Druck: frechdruck GmbH, 70499 Stuttgart

Die Mini-Tonis sind los!

Aus ganz kleinen Tontöpfen und wenigen Materialien haben Sie ganz schnell lustige Tierchen gezaubert! Auch ich war überrascht, wie wandlungsfähig die Töpfchen sind und wie vielfältig man die daraus entstandenen Tierchen verwenden kann:

- Als kleines Mitbringsel kommen die Mini-Tonis toll an.
- Ein Geldgeschenk wird persönlicher, wenn Sie es als Mini-Toni überreichen.
- Die Tierchen setzen lustige Akzente als Tischdekoration für Geburtstagsfeiern oder Partys.
- Sogar als Spielfiguren sind sie bestens geeignet.
- Auf einem Stab befestigt verzieren sie den Blumentopf auf Tisch oder Fensterbank.
- Mit angeknoteten Klangstäben dienen die Tiere als Windspiel.

Versehen Sie sie einfach mit Schildchen mit einem netten Spruch, der zum Anlass oder zum Beschenkten passt – so überbringen die Mini-Tonis ganz charmant Ihre Botschaft!

Wer will da nicht die ganze Bande haben?

Viel Spaß beim Sammeln und Verschenken wünscht Ihnen Ihr

Mini-Tonis

Materialliste
- Mini-Tontopf, ø 3,5 cm
- Tonkartonreste
- Transparentpapier und Kartonreste für Schablonen
- Feiner Filzstift in Schwarz
- Bastelfarbe
- Strukturschnee
- Verschiedene Drähte: geglühter Blumendraht, geglühter Steckdraht, Chenilledraht (Pfeifenputzer)
- Verschiedene Schnüre: Baumwollfaden, Lederriemen, Wollfaden, Kordel
- Wackelaugen
- Holzperlen

Folgende **Werkzeuge** sollten Sie zur Hand haben; sie werden bei den einzelnen Motiven nicht gesondert aufgeführt:
- Schere
- Cutter mit Schneideunterlage
- Kreisschablone oder Zirkel
- Seitenschneider
- Rundzange
- Vorstechnadel
- Pinsel
- Schwämmchen
- Bleistift
- Zahnstocher oder Schaschlikstäbchen
- Klebepistole
- Klebstoff, z.B. UHU Alleskleber
- Klebestift
- Tacker

Wichtige Hinweise
Für jedes Tier wird ein Mini-Tontopf (ø 3,5 cm) benötigt. Dieser ist bei den jeweiligen Materiallisten nicht aufgeführt. Für jedes Tier benötigen Sie Tonkartonreste, die kleiner als A5 sind. Alle Materialangaben beziehen sich auf ein Tier.

Tipp
Da gestreifter Chenilledraht nicht überall erhältlich ist, können Sie auch einfach zwei Drähte in den gewünschten Farben zusammendrehen.

Arbeitsschritte

Kartonschablonen herstellen

Pausen Sie die Motivteile vom Vorlagenbogen mit Bleistift auf Transparentpapier ab. Das Transparentpapier kleben Sie auf einen Kartonrest und schneiden die Teile aus. Um zwei identische Kartonteile auszuschneiden, übertragen Sie die Kontur der Schablone auf ein Tonkartonstück, tackern dieses am Rand auf ein zweites Kartonstück und schneiden das Motivteil mit Schere oder Cutter aus (z. B. bei Tukan, Krokodil, Papagei).

Tontöpfe bemalen

Die Bastelfarbe wird entweder mit einem flachen Haarpinsel (Nr. 6 oder 8) oder mit einem Schwämmchen aufgetragen. Weil die Tontöpfe viel Feuchtigkeit aufnehmen, müssen Sie zügig arbeiten. Beginnen Sie mit der kleinen Fläche rund um die Öffnung und bemalen Sie dann die Topfaußenwände, indem Sie die Farbe möglichst glatt auftragen. Eventuell tauchen Sie den Pinsel ins Wassergefäß und überstreichen die ganze Fläche nochmals. Nun wird der Topf trocken geföhnt und bei Bedarf nochmals überstrichen.

Bei manchen Tieren werden die Brust-/Bauchflächen mit einem alten Pinsel Nr. 2 oder 3 aufgetupft, bei dem Sie die Haare mit der Schere auf 0,5 cm gekürzt haben. Für größere Flächen nehmen Sie einen dickeren Pinsel.

Kleine Öffnung am Tontopf verschließen

Bei einigen Tieren wird die kleine Öffnung am Tontopf mit einem Kartonkreis geschlossen. Zeichnen Sie dafür mit Bleistift und Kreisschablone oder Zirkel einen Kreis (ø 14 mm) auf einen Karton, schneiden Sie ihn aus und kleben Sie ihn auf die Tontopföffnung. Nun wird der Tontopf samt Kartonkreis in der gewünschten Farbe bemalt.

Barthaare aus Draht anbringen

Mit der Vorstechnadel werden Löcher in den Kartonkopf gestochen. Anschließend stecken Sie Blumendrahtstücke (ø 0,35 mm) durch die Löcher und kürzen sie mit dem Seitenschneider auf die gewünschte Länge.

Strukturschnee auftragen

Der Strukturschnee wird entweder mit einem Borstenpinsel oder einem Rundholzstäbchen/ Schaschlikstäbchen auf den Tontopf bzw. Tonkarton aufgetragen.

Den Kopf befestigen

Der Tierkopf aus Tonkarton wird am besten mit der Klebepistole befestigt. Arme, Beine, Flügel, Flossen etc. fixieren Sie mit Alleskleber.

Schildchen anbringen

Die Herstellung und Befestigung der Schildchen wird bei den jeweiligen Anleitungen nicht erwähnt. Vorgedruckte Schildchen zum Ausschneiden mit flotten Sprüchen oder blanko finden Sie auf dem beiliegenden Bogen. Oder Sie fertigen selbst Schilder in der von Ihnen gewünschten Größe und Farbe aus Tonkarton an und verzieren sie mit bunten Filzstiften oder mit dem Pinsel. Die Schildchen werden ggf. mit der Vorstechnadel gelocht und mit einem farblich passenden Baumwollfaden (ø 1 mm), Draht oder Klebstoff am Tier befestigt.

Mini Tonis Nr. 25

Dagmar, Fridolin und Winnie, die Warane

Der Tontopf wird orangefarben oder grün angemalt. Mit einem dicken schwarzen Filzstift malen Sie ggf. die Konturen der Schuppen auf den Tontopf und den Kartonrumpf. Kleben Sie die Augen auf und die Zunge unter den Kopf und befestigen Sie den Kartonrumpf am Tontopf.

Material
- Tonkarton in Grün oder Orange und Rot
- Bastelfarbe in Grün oder Orange
- 2 Wackelaugen, ø 7 mm (oval) oder ø 10 mm
- Ggf. dicker Filzstift in Schwarz

Vorlagenbogen 1A

Tipp
Sie können die Tiere mit einem beliebigen Fantasiemuster bemalen!

Mini Tonis Nr. 26

Nani, Nino, Tino und Bino, die Geckos

Malen Sie den Tontopf an. Mit einem dicken schwarzen Filzstift können Sie nach Wunsch Schuppen auf Tontopf und Kartonkörper malen. Kleben Sie die Wackelaugen an und befestigen Sie den Kartonrumpf am Topf.

Material
- Tonkarton in Gelb oder Rot
- Bastelfarbe in Gelb oder Rot
- 2 Wackelaugen, ø 10 mm
- Ggf. dicker Filzstift in Schwarz

Vorlagenbogen 1A

mini Tonis Nr. 27

Tim und Antonia, die Seehunde

Malen Sie die Nüstern und Bartstoppeln auf den Kopf und ziehen Sie die Barthaare ein. Nun können die Wackelaugen angebracht werden. Zuletzt kleben Sie Kopf und Flossen an den grau grundierten Tontopf.

Material
- Tonkarton in Grau
- Bastelfarbe in Grau
- 2 Wackelaugen, ø 3 mm
- Geglühter Blumendraht, ø 0,35 mm

Vorlagenbogen 1A

Mini Tonis Nr. 28

Pfiffikus, Ping und Pong, die Pinguine

Material
- Tonkarton in Schwarz und Orange
- Bastelfarbe in Schwarz und Weiß
- 2 Wackelaugen, ø 5 mm

Vorlagenbogen 1A

Die aufgetupfte weiße Brust-/Bauchfläche reicht bis 0,5 cm unterhalb des Topfrandes, der Rest ist schwarz. Kleben Sie zuerst den Schnabel und dann die Wackelaugen auf. Es folgen Flügel und Füße.

Material
- Tonkarton in Weiß sowie Rot, Gelb oder Orange
- Bastelfarbe in Weiß
- Chenilledraht in Rot, Blau oder Gelb, jeweils 12 cm lang
- Ggf. geglühter Steckdraht, ø 1 mm, 8 cm lang
- Ggf. geglühter Blumendraht, ø 0,35 mm, 6 cm oder 12 cm lang

Vorlagenbogen 1A

Mini Tonis Nr. 29

Jens, Ole und Kalle, die Eisbären

Tupfen Sie die weiße Farbe mit einem Schwämmchen oder Pinsel auf den Tontopf, den Kopf und die Pfoten. Kleben Sie Kopf, Pfoten und ggf. den Fisch an und binden Sie den Schal um. Für die Angel wird das Drahtende mit der Rundzange zu einer Öse gebogen und der am dünnen Draht befestigte Fisch eingehängt.

Nr. 30 — Zora und Zilli, die Zebras

Material
- Tonkarton in Weiß
- Bastelfarbe in Schwarz und Weiß
- Chenilledraht in 2 x Schwarz, 2 x Weiß, je 15 cm lang (Beine); 1 x Schwarz, 1 x Weiß, je 10 cm lang (Hals); 2 x Weiß, 6 cm lang, 1 x Schwarz, 1,5 cm lang (Schwanz)
- 2 Wackelaugen, ø 3 mm

Vorlagenbogen 1A

Der weiße Kopf wird bemalt und die Wackelaugen werden aufgeklebt. Auf den weiß bemalten Tontopf malen Sie mit einem feinen Pinsel schwarze Streifen. Für die beiden Beinpaare drehen Sie jeweils einen schwarzen und einen weißen Chenilledraht zusammen. Die beiden Halsdrähte werden auf 5 cm Länge zusammengedreht. Die beiden überstehenden Enden der einen Seite schlingen Sie um die Mitte der beiden Beinpaare. Stecken Sie den Hals von unten durch die Tontopföffnung. Am Halsende werden die beiden Drahtenden 1 cm zurückgebogen und der Kopf dazwischen geschoben. Achten Sie darauf, dass sich der schwarze Draht als Mähne zwischen den Ohren befindet. Die Beine werden auf 3 cm unterhalb des Topfrandes gekürzt. Der weiße Schwanz wird aus zwei Drahtstücken gedreht und angeklebt. Am Ende wird die in der Mitte umgeknickte schwarze Quaste eingehängt.

Mini Tonis Nr. 31

Kroko, Kiki und Karl, die Krokodile

Die weiße Brust-/Bauchfläche wird auf den grün bemalten Topf getupft. Schneiden Sie das Kopfteil doppelt aus (vgl. Seite 5). Beide Teile werden an der gestrichelten Linie angeritzt und umgeklappt. Auf ein Teil kleben Sie die rote Zunge. Nun können beide Teile oberhalb der gestrichelten Linie zusammengeklebt werden. Zuletzt werden die Wackelaugen auf dem Kopf fixiert und Kopf, Arme und Bein-/Schwanzteil am Tontopf mit Klebstoff befestigt.

Material
- Tonkarton in Grün und Rot
- Bastelfarbe in Grün und Weiß
- 2 Wackelaugen, ø 10 mm

Vorlagenbogen 1A

Mini Tonis Nr. 32

Gustav und Gretel, die Geier

Kleben Sie Wackelaugen und Schnabel an den Kopf. Am Halsansatz wird Strukturschnee aufgetragen (siehe Seite 5). Kleben Sie Kopf und Flügel an den schwarz bemalten Tontopf. Die Kartonfüße werden durchstochen. Ziehen Sie die gelbe Kordel durch die Löcher und fixieren Sie sie mit einem Knoten. Kleben Sie die Beinkordel von unten an den Topf.

Material
- Tonkarton in Rosa, Schwarz und Gelb
- Bastelfarbe in Schwarz
- Strukturschnee
- 2 Wackelaugen, ø 5 mm
- Baumwollkordel in Gelb, ø 2 mm, 20 cm lang

Vorlagenbogen 1A

Mini Tonis Nr. 33

Lulu, Zara und Naomi, die Giraffen

Auf den gelb bemalten Tontopf werden schwarze Flecken getupft. Schlingen Sie das eine Ende des Halses dreimal eng genau um die Mitte der beiden Beinpaare und stecken Sie es von unten durch die kleine Öffnung im Topf. Das andere Halsende wird 1 cm weit umgebogen. Daran kleben Sie den Giraffenkopf (Hörner schwarz anmalen, ggf. Zunge hinterkleben und Wackelaugen aufkleben). Für die Füße biegen Sie das Drahtende zu einer Öse von ca. 2 cm Länge, die Sie rechtwinklig nach vorne klappen. Kleben Sie noch den Schwanz an und biegen Sie ihn in Form.

Material

- Tonkarton in Gelb und evtl. Rot
- Bastelfarbe in Gelb und Schwarz
- Chenilledraht, schwarz-gelb gestreift: 12 cm (Hals), 2 x 28 cm (Beine) und 6 cm lang (Schwanz)
- Ggf. 2 Wackelaugen, ø 3 mm

Vorlagenbogen 1A

Material

- Tonkarton in Terrakotta und Beige
- 2 Wackelaugen, ø 5 mm
- Ggf. Lederriemen, ø 2 mm, 11 cm und 26 cm lang
- Ggf. 4 Holzperlen, ø 10 mm, in Braun
- Ggf. geglühter Steckdraht, ø 1 mm, 30 cm lang

Vorlagenbogen 1A

Mini Tonis Nr. 34

Hubert, Knut, Udo, Theo und Berti, die Elche

Bringen Sie Augen und Geweihe am Kopf an. Kleben Sie den Kopf und die Hufe aus Tonkarton an. Oder ziehen Sie die Mitte des Beinriemens durch die Tontopföffnung. Durch die entstandene Öse ziehen Sie die Riemen der Vorderbeine. Kleben Sie auf die Enden der Riemen je eine Holzperle. Gut machen sich die Elche als Blumenstecker, indem man sie mit Heißkleber an Steckdraht fixiert.

Nr. 35

Tom und Tini, die Tiger

Material
- Tonkarton in Orange
- Bastelfarbe in Orange und Weiß
- Dicker Filzstift in Schwarz

Vorlagenbogen 1A

Auf den orangefarben bemalten Topf wird die weiße Brust-/Bauchfläche getupft. Die Fellstreifen malen Sie mit dem Filzstift auf. Auch auf den orangefarbenen Kopf werden weiße Flächen für die Ohrinnenflächen und die Schnauze aufgetupft und dann wird das Gesicht aufgemalt. Zuletzt kleben Sie den Kopf, die beiden Pfoten und den Schwanz an den Topf.

Mini Tonis Nr. 36

Zippo, Zapp und Yoko, die Tukane

Kopf und Schnabel werden jeweils doppelt ausgeschnitten (vgl. Seite 5). Ritzen Sie beide Kopfteile entlang der gestrichelten Linie an und klappen Sie sie um. Nun werden beide Kopfteile aufeinander geklebt und die Schnabelteile beidseitig am Kopf fixiert. Malen Sie das Gesicht auf und fixieren Sie die Wackelaugen. Die Beinkordel wird von unten am Topf angeklebt, jeweils ein mit der Vorstechnadel gelochter Kartonfuß aufgezogen und mit einem Knoten fixiert.

Material

- Tonkarton in Schwarz, Blau, Rot und Gelb
- Bastelfarbe in Schwarz, Blau oder Rot
- 2 Wackelaugen, ø 7 mm
- Baumwollkordel in Gelb, ø 2 mm, 20 cm lang

Vorlagenbogen 1A

Nr. 37 Mini Tonis

Luis, Lena und Leo, die Dromedare
(Beschreibung auf Seite 20)

RETTE MICH!!!

DUUURST!!!

Material

- Tonkarton in Hautfarbe und ggf. Rot
- Bastelfarbe in Hautfarbe
- Chenilledraht in Hautfarbe: 14 cm (Hals), 2 x 25 cm (Beine) und 5 cm lang (Schwanz)
- Ggf. 2 Wackelaugen, ø 3 mm

Vorlagenbogen 1A

Mini Tonis Nr. 37

Luis, Lena und Leo, die Dromedare

(Abbildung auf Seite 19)

Kleben Sie die beiden Kopfteile mit der evtl. dazwischen gelegten Zunge aufeinander. Malen Sie das Gesicht auf und ergänzen Sie die Wackelaugen. Die beiden Beinpaare aus Chenilledraht werden in der Mitte mit einem Ende des Halses dreimal eng umwickelt (siehe Vorlagenbogen). Das andere Halsende wird 1 cm eng zurückgebogen. Darauf kleben Sie den Kopf. Biegen Sie die Beinenden jeweils zu einer ca. 2 cm langen Öse. Anschließend werden die Ösen als Füße rechtwinklig umgebogen. Kleben Sie Beine samt Hals und Kopf von unten in den Tontopf. Bringen Sie den Schwanz an.

Nr. 38 Mini Tonis

Norbert und Paul, die Walrösser

Material

- Tonkarton in Terrakotta und Weiß
- 2 Wackelaugen, ø 3 mm

Vorlagenbogen 1A

Der Kopf aus Tonkarton besteht aus drei Teilen: Kopfteil, Stoßzähne und Schnauze. Legen Sie das weiße Stoßzahnteil an den Kopf und kleben Sie die Schnauze auf beide Teile. Nachdem die Wackelaugen aufgeklebt wurden, wird das Gesicht samt Barthaaren aufgemalt. Befestigen Sie Kopf und Flossenteil am Tontopf.

Nr. 39 Mini Tonis

Hilde, Wally und Gerhard, die Wale

Material

- Tonkarton in Hellblau
- Bastelfarbe in Hellblau
- 2 Wackelaugen, ø 5 mm
- Chenilledraht in Weiß: 16 cm lang (Herz), 12 cm lang (Fontäne)

Vorlagenbogen 1A

Malen Sie zuerst den Mund auf den mit hellblauer Farbe bemalten Tontopf. Anschließend werden Wackelaugen, Brustflossen und Schwanzflosse angeklebt. Die Chenilledrahtfontänen bzw. -herzen werden in die Tontopföffnungen gesteckt.

Nr. 38/39 mini Tonis

Norbert und Paul, die Walrösser

Constanze und Molly, die Nashörner

Am Schnauzenteil wird von hinten das Horn angebracht, bevor es auf den Kopf geklebt wird. Nun kann das Gesicht aufgemalt werden. Das Schwanzende wird zu einer Quaste eingeschnitten. Kleben Sie Kopf, Schwanz und das bemalte Fußteil an den grau grundierten Tontopf.

Material
- Tonkarton in Grau und Weiß
- Bastelfarbe in Grau

Vorlagenbogen 1A

Mini Tonis Nr. 41

Flecki, Floh und Flausch, die Geparde

Material
- Tonkarton in Hellgelb
- Bastelfarbe in Hellgelb und Weiß
- Dicker Filzstift in Schwarz

Vorlagenbogen 1A

Tupfen Sie die weiße Brust-/Bauchfläche auf den mit hellgelber Farbe bemalten Topf. Mit dem Filzstift werden dann die schwarzen Punkte aufgetragen. Auch auf den Kopf und den Schwanz werden weiße Flächen und schwarze Punkte getupft. Kleben Sie den bemalten Kopf, das bemalte Fußteil und den Schwanz an den Tontopf.

Hüpf und Hopp, die Kängurus

Auf den Kopf werden die weißen Ohrinnenflächen getupft, die Augen geklebt und die Nase gemalt. Kleben Sie den Kopf so weit oben wie möglich an den Topf. Darunter wird der Beutel angebracht. Es folgen die Vorderbeine, die Hinterbeine und schließlich der Schwanz. Der Kopf des Kängurubabys kann noch zusätzlich auf den Beutel geklebt werden.

Material
- Tonkarton in Terrakotta und Weiß
- Bastelfarbe in Weiß
- 2 Wackelaugen, ø 3 mm

Vorlagenbogen 1A

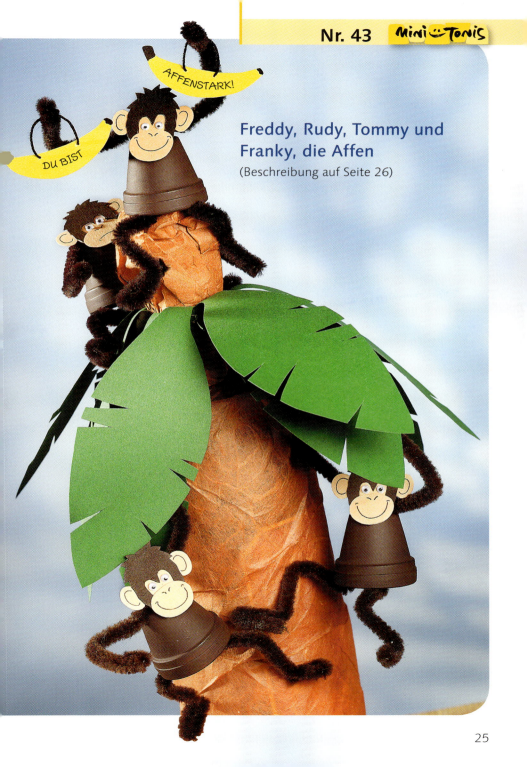

Nr. 43

Freddy, Rudy, Tommy und Franky, die Affen
(Beschreibung auf Seite 26)

Mini Tonis Nr. 43

Freddy, Rudi, Tommy und Franky, die Affen

(Abbildung auf Seite 25)

Material
- Tonkarton in Braun, Hautfarbe, evtl. Grün (Palme) und Gelb (Bananenschild)
- Bastelfarbe in Braun
- 2 Wackelaugen, ø 3 mm
- Chenilledraht in Braun: 24 cm (Beine) und 17 cm lang (Arme)
- Ggf. Packpapier in Braun
- Ggf. Bindfaden

Vorlagenbogen 1B

Auf das große hautfarbene Kopfteil kleben Sie zuerst das braune Haarteil und darauf das ovale Schnauzenteil. Kleben Sie die Augen an und malen Sie das Gesicht auf. Knicken Sie die Chenillearme und -beine jeweils in der Mitte und hängen Sie beide ineinander ein. Nun werden die Beine von oben durch die kleine Öffnung des bemalten Topfes gezogen, bis die Schultern auf dem Topf aufliegen. Als Füße werden die Chenilledrahtenden zu 2 cm langen Ösen gebogen. Ein tolles Mitbringsel ist eine als Palme verkleidete Flasche: Wickeln Sie die Flasche in zerknittertes Packpapier ein. Die Stiele der Palmblätter werden rings um den Flaschenhals angelegt und mehrfach mit Bindfaden umwickelt. Biegen Sie die Blätter leicht nach unten.

Nr. 44 Mini Tonis

Doris und Dorette, die Flamingos

Material
- Tonkarton in Rosa und Schwarz
- Bastelfarbe in Rosa
- Chenilledraht in Rosa: 12 cm (Hals), 36 cm (Beine) und 2 x 6 cm lang (Krallen)
- 2 Wackelaugen, ø 5 mm

Vorlagenbogen 1B

Der Schnabel wird an den gestrichelten Linien angeritzt, umgeklappt und an der Spitze zusammengeklebt. Der schmale Streifen zwischen den beiden gestrichelten Linien wird mit Klebstoff bestrichen und an den Kopf geklebt. Links und rechts werden die Wackelaugen ergänzt.
Biegen Sie den Hals an einem Ende 1 cm weit als Kopfansatz zurück. Biegen Sie den Beindraht genau in der Mitte um und schlingen Sie das Halsende zweimal fest um die Beinmitte. Legen Sie ein Krallenteil mittig 3 cm vom Ende entfernt auf einen Fuß und schlingen Sie den Fußdraht zweimal um das Krallenteil. Ziehen Sie den Hals von unten durch die Topföffnung. Kleben Sie Kopf und Flügel an.

Mini Tonis Nr. 45

Lori und Polly, die Papageien

Material
- Tonkarton in Rot, Blau und Gelb
- Bastelfarbe in Rot
- 2 Wackelaugen, ø 5 mm
- Ggf. geglühter Steckdraht, ø 1 mm, 30 cm lang

Vorlagenbogen 1B

Der Papageienkopf wird wie der Tukankopf auf Seite 18 gearbeitet. Kleben Sie den Kopf, die Flügel und die drei Schwanzfedern an den rot bemalten Topf. Für die Schaukel biegen Sie den Steckdraht nach 12,7 cm und nach weiteren 4,6 cm jeweils rechtwinklig ab. Die Drahtenden werden mit einer Rundzange zu Ösen gebogen. Das Krallenpaar wird entweder an den Schaukeldraht oder an den Topf geklebt.

Nr. 46

Berni und Bruni, die Nilpferde

Material
- Tonkarton in Hellblau
- Bastelfarbe in Hellblau
- 2 Wackelaugen, ø 3 mm

Vorlagenbogen 1B

Kleben Sie die Wackelaugen auf den Nilpferdkopf und malen Sie das Gesicht auf. Das Schwanzende wird zu einer Quaste eingeschnitten. Kleben Sie Kopf, Füße und Schwanz an den hellblau bemalten Tontopf.

Nr. 47

Bubu, Brummel, und Taps, die Braunbären, und Schlecki, Teddy und Ben, die Spielbären

Kleben Sie die Schnauzenscheibe auf den Kopf und malen Sie dann das Gesicht auf. Der Kopf wird so weit oben wie möglich am Tontopf mit der Klebepistole befestigt, bevor die Arme und die Füße mit den aufgeklebten Fußsohlen angebracht werden.

Tipp
Bären spielen ja so gern! Z. B. „Würfle die richtige Farbe": Auf einem Spielfeld (mindestens 50 cm x 20 cm) werden die ovalen Startflächen und die in Linien angeordneten Farbpunkte angeklebt. Das Spielfeld und die Linien aus Farbpunkten können beliebig verlängert werden.
Man kann ein Feld vorwärts ziehen, wenn man die entsprechende Farbe gewürfelt hat. Wer Schwarz würfelt, muss um ein Feld zurück. Gewonnen hat, wer zuerst den letzten Farbpunkt erreicht hat.

Material
- Tonkarton in Terrakotta und Beige oder beliebigen anderen Farben (Spielfiguren: Rot, Gelb, Blau und Weiß)
- Ggf. Bastelfarbe in beliebiger Farbe

Vorlagenbogen 1B

Gunnar und Gundi, die Elefanten

Kleben Sie die Stoßzähne von hinten an den Rüssel, bevor dieser am hellblau bemalten Tontopf befestigt wird. Ergänzen Sie die Augen, die Ohren und das bemalte Fußteil. Das Schwanzende schneiden Sie zu einer Quaste ein und kleben den Schwanz ebenfalls an den Topf.

Tipp
Als Geldgeschenk geben Sie dem Elefanten einfach einen aufgerollten Geldschein in den Rüssel.

Material
- Tonkarton in Hellblau und Weiß
- Bastelfarbe in Hellblau
- 2 Wackelaugen, ø 3 mm

Vorlagenbogen 1B